AF275579

LA DESHORA

Jorge Cappa

COLECCIÓN ITES

LA DESHORA

© Jorge Cappa Fernández
© de esta edición: Olé Libros, 2025

ISBN: 979-13-87620-14-1
Depósito legal: V-267-2025
Impreso en España

KALOSINI, S. L.
Grupo editorial olé**libros**
equipo@olelibros.com
www.olelibros.com

No aceptar otro orden que el de las afinidades,
otra cronología que la del corazón,
otro horario que el de los encuentros a deshora, los verdaderos.

JULIO CORTÁZAR, *SALVO EL CREPÚSCULO*.

INTRODUCCIÓN

Más de la mitad de los textos incluidos en este libro han sido galardonados en certámenes y convocatorias literarias de siete países.

Son los siguientes veinte poemas y dos letras de canciones:

«La llama» ganó el 1.er premio en el Concurso de Poesía Minimalista, de la Asociación de escritores en Rivas (España, 2022).

«Después del silencio» ganó el 1.er premio en el XXXVII Certamen Literario Manuel Vázquez Montalbán (España, 2021).

«La espera», «Desvelo» y «La brisa» forman parte de *Ecos a trasluz*, conjunto de poemas que ganó el 1.er premio en el XXXIII Certamen Literario de Cúllar Vega (España, 2021).

«Cuarentena» ganó el 1.er premio de Literatura en el Concurso Talentos en Cuarentena, convocado por la Dirección Provincial de Cultura en Mayabeque (Cuba, 2020).

«Palabras de amor», escrito en prosa poética, fue uno de los tres ganadores del Concurso Relatos de Cuarentena, convocado por el Instituto Municipal de la Cultura y las Artes de Tlalnepantla (México, 2020).

«Origen» está incluido en el conjunto de poemas *Oasis*, que ganó el 2.º premio en el II Certamen de Poesía Floridablanca (España, 2024).

«Desarraigo» ganó el 3.ᵉʳ premio en la 7.ª edición del Concurso de Poesía Carmen Soler (Paraguay, 2023).

«La luciérnaga» recibió un accésit (obtuvo el 2.º lugar) en el XII Certamen de Poesía Fernando Calvo García (España, 2024).

«Ciudad de la luz» recibió la única mención de honor (obtuvo el 2.º lugar) en el Primer Concurso de Poesía y Cuento de PEN Chile, En concreto, almas urbanas (Chile, 2022).

«Entre la escarcha y el viento» resultó finalista en el XX Concurso José María Portell (España, 2024).

«La enredadera» resultó finalista en el XVIII Concurso José María Portell (España, 2022).

"El ventanal" forma parte de la II antología del Festival Internacional de Poesía Letra Lúdica, publicada por la editorial Revista Poética (Argentina, 2025).

«Siluetas» está incluido en la antología literaria *Espejo de letras*, de la Academia Nacional e Internacional de Poesía de la Ciudad de México (México, 2024).

«Maraña», «La marea», «Metaficción» y «Trayecto velado» (como conjunto de poemas titulado *A destiempo*) están incluidos en *Huella y silencio*, la antología del II Certamen Literario de Relato y Poesía de Encinas Reales (España, 2021).

«Compañera» fue seleccionado en la convocatoria para el número 5 del año II de *Crisopeya,* revista de arte y literatura (Colombia, 2021).

«Gaviotas de papel», con música e interpretación de Kiko Tovar, ganó el 1.er premio *ex aequo* en el VIII Certamen Internacional de Composición de Canciones de La Brújula del Canto (España, 2023).

«La ruleta» fue seleccionada en la convocatoria para el número 46 de la revista literaria *Trinando* (Colombia-México, 2023).

PRÓLOGO

Hace años leí unas declaraciones de Quentin Tarantino en las que afirmaba que, si alguien quiere decir que es director de wésterns, tiene que hacer por lo menos tres películas de ese género.

Creo que ser poeta tiene mucho más que ver con tener un tipo de sensibilidad, con desarrollar una particular manera de relacionarse consigo mismo y con el mundo, que con haber publicado un número determinado de obras. Pero también es cierto que al terminar mi tercer libro de poesía siento que en estos últimos años ya he recorrido un camino, que he ido afinando y asentando mi voz poética, que me voy afirmando como autor, y pienso que en este libro incluyo un buen número de textos que están entre los mejores que he escrito hasta ahora.

La deshora está compuesto por 42 textos (38 poemas y 2 letras de canciones) y su título alude a ese momento intempestivo que en teoría no es oportuno pero que es propicio para la creación, pues el vértigo que lo envuelve conecta con aquello que uno siente la necesidad de expresar. La deshora es ese lugar que no hace pie en el presente y que flota en el tiempo, donde uno se sitúa en el reverso de la realidad para enfrentar la verdad de su vida, para rozar aquello que perdió, para descomponer aquello que no le gusta y para dar aliento a aquello que anhela.

Y ese marco me parece idóneo para la poesía, o al menos para la mía.

Es por la noche o de madrugada cuando más y mejor me conecto con mi necesidad de expresarme. La mayoría de los escritos de esta obra están enmarcados en esos momentos y algunos aluden al insomnio o a los sueños, a esa puerta que abre la deshora hacia otra realidad que muchas veces es más vívida que la realidad tangible.

He dedicado mucho tiempo a revisar, corregir y seleccionar los poemas y las letras de las canciones que forman parte de este libro, buscando lograr lo mejor de cada uno de ellos y tratando de darle al conjunto un sentido conceptual y de continuidad, a fin de que los escritos puedan leerse de forma consecutiva, como si conformaran una historia donde un texto se va enlazando con el siguiente.

Casi todos los textos incluidos en *La deshora* los escribí durante la pandemia y la etapa posterior, entre 2020 y finales de 2022. Los únicos textos anteriores a esa época son «Nostalgia», «Desvelo» y «Cenizas». Posteriores a ella solo hay tres: «La chica de Erasmus», «La luciérnaga» y «El ventanal».

Las temáticas abordadas en el libro tienen que ver esencialmente con el paso del tiempo y el peso de la ausencia, el recuerdo de un amor, el mundo de los sueños, el valor de la palabra y la crítica social.

Ante estas cuestiones que nos interpelan a todos, *La deshora* ofrece poesía como un refugio, como el«arma cargada de futuro» que escribió Gabriel Celaya, para rebelarse ante la realidad, cuestionarla y alentar un mundo mejor o al menos más acogedor. Por eso me siento identificado con aquello que dijo Alejandra Pizarnik: «Escribes poemas porque necesitas un lugar en donde sea lo que no es».

Espero que tú, al leer este libro, también sientas que lo que no es, a veces, puede llegar a ser.

JORGE CAPPA

POEMAS

LA ESFERA

Si no queda tiempo
que gire más allá del tiempo,
si no quedan palabras
que descifren el alma de un verso,
si tu nombre se enreda
en la escalera del silencio
y se deshace entre la bruma
de un *adiós* o un *nunca más.*

Si mis labios se derrumban
tras la estela de mis labios
y en los escombros de su espejo
se retuerce el reflejo
de la que fue mi verdad.

Si ya no queda nada
y si cada vez que la nada renace
tiembla en la cornisa el tiempo
que dejó su tiempo atrás.

Si la vida se disfraza de instantes
y en el albor de algún instante
revolotean las cenizas de mis labios
y se encuentran con tu nombre
en una madrugada como esta,
donde tan solo un verso
rodando en el galope de otro verso
hace de las palabras
un refugio de otra vida invisible
a punto de volver a girar.

SILUETAS

Perfilas nuestro rumbo
con la desarmada urgencia de tus pasos,
asomas las aristas de tu nombre
y giras en un vaivén de espejos
que desnudan su reflejo en mis labios,
en estos labios que te rozan
con su tobogán de palabras insomnes,
que derraman su letargo
y giran en tu noria de imposibles,
giran y vuelven a girar frente a tus labios
como si fuésemos dos gotas de luz
danzando en la cornisa del tiempo,
como si la sombra de este sueño que nos nombra
pudiera al fin bordar la escalera
de una lumbre vivaz
en el carrusel de nuestra deshora.

La escalera

Al fondo de la noche,
más allá de las promesas furtivas
y los duendes a contraluz,
gira una escalera que desarma el tiempo
y repite mi nombre
y afila las aristas de mi nombre
y sopla en los portales de mi arrojo
hasta acercar un cofre a mis labios,
descifrar las huellas sin rastro
y flotar su delirio entre mis versos
como una madrugada a medias
que aprende a desnudar su verdad.

Más allá de las fronteras
que cobijan su ruleta
en el fondo de la noche
gira la escalera
con su lumbre desatada,
gira y desarma el tiempo
para nombrar las palabras sin pulso
y hacer latir en su deshora
esa vida pendiente que me ronda
y asoma su brújula indomable
en la penumbra de mi voz.

TRAS EL CRISTAL

Qué larvado paisaje
recorre mis venas dormidas
con el llanto de sus dragones
bordeando de puntillas
los versos de esta madrugada a medias.

Qué frontera
perfila los párpados de mi exilio,
qué cornisa
desnuda los laberintos de mi lengua,
qué espejo atolondrado
alumbra la escarcha de este recodo
que desborda el desconcierto
con ríos de relámpagos
para posar el rumor de su abismo
entre mis palabras,
entre mis recuerdos,
entre estas horas revueltas
que se disfrazan de puñales
y arañan la ventana
con su eco de látigos
flotando sobre mis versos
como el canto de un violín en la penumbra,
como el rugido de una lumbre entre la niebla.

ENTRE LA ESCARCHA Y EL VIENTO

Entre la escarcha y el viento
los recuerdos que aún palpitan su nombre,
las promesas que aún giran entre mis labios,
mi voz agitando su bandera
con la certeza del *tal vez*,
del *entonces*, del *será*.

Entre la escarcha y el viento
la furia de un poema
desnudando mis pasos
con lo lóbrego de su luz,
con el destello de su sombra,
como un oleaje de silbidos
que cruza los portales del sueño
con el pálido arrojo
de un destino a medias.

Así la vida se desata
en el filo de unas madrugadas
    que me deslizan
entre la escarcha y el viento,
entre la nada y mis versos,
entre el puñal del olvido
y la escalera de mi tiempo.

Nostalgia

La nostalgia es el túnel
de una cicatriz abierta
por donde asoman urgencias
que danzan entre cristales bañados en miel.

La nostalgia es el rumor de la penumbra,
un tibio candor a destiempo
que proyecta el poso de una luz añeja
y apoyada en el reverso de su letargo.

La nostalgia es un desván
donde el pasado
decolora su pulso y lo tiñe a la vez,
lo araña y lo abraza
con el mismo empeño
con que alguien se lanza por un tobogán
para jugar por un instante
a cruzar aquella misma lumbre
que le dio aliento a sus alas,
hasta desembocar de nuevo
en esta penumbra sin rostro
que gira entre las huellas
de su mustia soledad.

Nostalgia como un delirio a contraluz,
       como un rugido entre la bruma,
       como un anochecer en los labios.

Nostalgia como una frontera
donde reaparece aquel milagro
que deshizo su murmullo
y ahora regresa acompañado
de otro espejo en la frente,
de otra promesa en los ojos,
de otro secreto en la voz.

COMPAÑERA

Como un huracán de sombras
        que alumbran
con el eco de una ausencia,
la poesía asoma su promesa
ante nuestros ojos
impenitente, ingenua, irremediable,
enredada en el fulgor de sus pasos
con la certeza de que su estela,
        alguna vez,
cruzará un milagro con el presente
y fundirá una utopía con la verdad.

La enredadera

En el balcón de las palabras sin rostro,
una enredadera sopla madrugadas
por las que desfilan espejos, pinceles, otoños,
el pulso de una ausencia
que dejó a la vida cabalgando por la cornisa
de un tiempo desnortado
que ahora disfraza de lumbre su escarcha,
de poemas que crujen su avalancha de quimeras
para bordar una utopía en el vértigo,
para abrigar una pregunta en la certeza.

AVALANCHA

Entre los túneles que tejen las palabras
se desata un huracán de sombras
que bailan frente al abismo
mientras aguardan una avalancha de luz.

A veces la avalancha se asoma
y los otoños se transforman en puentes
y los suspiros se abrazan al retorno
y los sueños se disfrazan de color.

A veces la avalancha
tiene forma de nombre
y ese nombre sujeta una bandera
y esa bandera agita palabras
que se convierten en versos
y cada verso desempolva sus huellas
para recorrer la ausencia
por esos túneles
donde el enigma late,
donde el enigma gira
para enfocar su secreto
y desnudar las aristas
de un balcón entre la bruma.

Trayecto velado

Giraba mi espejismo
por los andenes del tiempo
con el sueño encendido
y un tren bajo mis pasos.

Allí vi vagones llenos de palabras
buceando a la intemperie
de una primavera que revelaba su agonía
con una canción de Silvio Rodríguez.

Vi vagones llenos de palabras esdrújulas
como *árboles*, como *pólvora*, como *murciélagos*
agitando su premura entre los ventanales
que cruzaban el túnel de la noche
a la espera de tejer un verso
que despedazara el silencio,
que alumbrase la palabra *coraje*,
que lanzara su revuelta
por los raíles de la madrugada
para despertar su voz en un verano
repleto de poemas de Juan Gelman
que recordasen que la vida,
aún danzando en la incertidumbre,
siempre vale la alegría
e incluso también la pena.

La vida a medias

La vida roza
los bordes de la palabra
con su secreto afilado
y su promesa a medias.

Roza sigilosa
las sombras de su disfraz
para recorrer el rumor
que perfila cada certeza.

Así la vida roza
los costados de la muerte
con su repentino palpitar
y su jovial urgencia,
con la indeleble certeza
de querer descorchar su voz
en el festival de las letras,
en el infinito carnaval
que destapa el hilar de cada sílaba.

La vida roza los bordes
de la palabra *ahora*,
de la palabra *ofrenda*,
de la palabra *verso*,
de la palabra *poema*,
con su penumbra a cachos
y su verdad despierta
mientras deshace su espejo
en el portal del silencio
y el milagro del instante
asoma su revuelta
para rozar al fin la vida
y alumbrar los bordes de la palabra
con el perenne eco de su ausencia.

CENIZAS

Frágil ráfaga de desconcierto
que se enrosca en mis ojos
cuando la nada recorre
los tenues pedazos de nada
que quedaron bordando su equilibrio
el día en que nuestra historia
desplomó su urgencia contra el suelo.

La nada rasga el vacío
con su oleada de paciencias
y retuerce en el aire
la estela de aquella promesa fugaz
que dobló su deriva
apenas comenzó a cruzar
la barrera de lo inevitable.

La nada asoma y está plagada
de tormentas amarillas,
de dragones violetas,
de azulejos negros
que desbordan con su ausencia
las aristas de un *ahora*
que araña con nostalgia
el silencio, la escalera del recuerdo,
el aullido de un tiempo
instalado en ese limbo
donde las cosas que fueron
suspiran el mudo arrojo
que queda suspendido en el aire
cuando al fin asumen
que ya nunca serán.

DESARRAIGO

Arrastra tu nombre
las esquelas de un tiempo imposible
que no por vano dejó de navegar.

Es la bruma del desarraigo
quien retuerce las aristas
de aquella vida tan luminosa y tan certera
que asomaba su crisol de versos
en la tenue frontera del vértigo insondable.

El futuro era entonces
un faro que esperaba despierto
detrás del viento,
con su buzón crujiente
y su cofre de llaves.

El futuro volaba, giraba, danzaba
e invitaba al presente
a su fiesta de disfraces,
a aquel presente fugaz
que ahora se retuerce
y araña el letargo de tu nombre,
envolviendo con su bruma
las horas que diluye en la nada
el reloj del desastre.

MARAÑA

Como agujas amarradas
al vuelo que separa
la verdad del recuerdo,
la inspiración de la locura,
el coraje del miedo.

Así pasan las horas
de esta soledad rasgada
que camina de puntillas
entre el rumor de mi reflejo.

Siempre cerca de partir en dos el mundo.
Siempre cerca de explotar su eco.

LA ESPERA

Crucé con furia
la hoguera de tus ojos,
como si la noche
lanzara mi sueño
por un tobogán de antojos
indemne al olvido.

Dancé por tus trompetas de nieve,
trepé por tus balcones de arcilla,
rodeé con mis secretos
cada una de tus lumbres
y esperé.

Esperé una madrugada,
esperé una vida,
esperé un poema entero
agarrado al rumor de tu relámpago,
confiando en que los dragones verdes
que te arropaban
algún día aprenderían a volar.

Reminiscencia

Oigo tus pasos de arcilla
rebotando en mis versos
como pompas de tiempo
que deslizan laberintos
y desatan realidades.

Tus pasos de arcilla
me desvelan, me deslumbran,
me desarman con su puzle de letargos
agitando mis estrofas
como una noria lanzada
al espejismo de su deshora.

Pasos que desnudan
su bruma de futuros
y aterrizan en poemas urgentes
que moldean la estela
de una vida juntos
que recorre laberintos
y trepa por el lúgubre tiempo
de un destino sin voz.

LA MAREA

Bajo la escarcha del tiempo,
una sirena implacable
recorre la ciudad de las sombras
que habitan en la cicatriz de mi insomnio.

Espada fugaz
que agita aquellas tormentas veladas
que encharcaron la voz de mis retornos,
frágiles veleros a la deriva
que en las madrugadas
se disfrazan de avalancha
y cruzan océanos,
atraviesan murallas,
batallan con dragones
y escalan los vedados balcones del deseo
hasta que el sueño los desarma,
los arropa y los vence
mientras se apaga el mundo,
se derrumba el oleaje
y de nuevo llegan las mañanas
con su espejo solemne,
con su realidad sosegada,
con su verdad inevitable.

Ciudad de la luz

Late Madrid con su otoño azul
enroscado en la mirada
y un reflejo de hojas secas
perfilando su escalera.

Late y se destapa
con su desierto de nubes
y su avalancha de soles,
con el murmullo de sus azoteas,
su metro atolondrado
y sus plazas en los barrios
donde el tiempo juega a detenerse
y disfrazar de lumbre la áspera realidad.

Late y se desliza
con el matutino galopar de su Castellana radiante,
con Cuatro Caminos bifurcando atardeceres sin retorno,
con el luminoso zigzaguear de su Gran Vía insomne,
con La Latina descifrando madrugadas en callejones empedrados.

Camina, danza, vuela Madrid
con su secreto en los labios,
con la ráfaga de este otoño
que cruje nostalgias
bajo el límpido brotar de su luz
y frota los añejos anhelos
que recorren un laberinto de versos
entre portales y balcones,
tejiendo la bandera de su tenue despertar.

LA VISITANTE

Como un milagro que bordea el corazón del viento,
la luz cruza las aristas de la nada
perfilando su vaivén de palabras sin rostro
y girando en un tobogán de miradas sin voz.

La luz arroja un cofre de promesa inevitable
y se aleja,
alumbra las paredes del encuentro
y aleja su noria
lanzada en un corcel de preguntas
que cabalgan hacia el crepúsculo
entre los bordes de una incógnita despierta,
como una escalera de nostalgias sin receta
que a lo lejos se aleja
para aguardar tras la cortina del tiempo
una llamada irremediable
que le ruegue otra vez que vuelva.

La rueda

La rueda del olvido
araña con premura nuestras sombras
como si pudiera descifrar la vida en su despojo,
como si pudiera anudar la escarcha que derrama su reflejo.

La rueda arrastra el eco de nuestras sombras
por esos callejones encharcados
que chapotean su aroma de invierno
y caen por una pendiente de afonías
para volcar el reverso de su destino
y agitar un látigo entre la bruma.

Gira la rueda del olvido,
gira y agrieta nuestros espejos
mientras acomoda su martillo de algodón
en nuestros sueños,
mientras deshace su puzle de tormentas
para seguir girando entre recuerdos
y volver a rozar la luz
con otro nombre y en otro verso.

DESVELO

Como el eco de un verano
del que nadie recuerda su aroma
ni el baile de su mirada
ni el disfraz de su anochecer.

Como una escalera que queda
enroscada en el buzón del tiempo,
así es el desvelo de mis labios
en el jardín de tus labios,
como el girar de las gaviotas
en una madrugada voraz
que revuelve
el norte con el sur,
la nostalgia con el viento,
el sabor del deseo
con la saliva de otro siglo.

ENSUEÑO

El insomnio envuelve tu voz
como si fuera un colibrí que asoma
en el devenir de un crepúsculo.

El insomnio envuelve
el vértigo de tu instante,
lo infinito de tu llama,
lo fugaz de tu arrojo.

Envuelve este poema
la esfera de un sueño
que se deshizo en el desván de mis ojos
y ahora flota en el tiempo
como una bruma de mareas
que agita con su dulce delirio
el murmullo de esa vida que nunca tuvimos
y que desliza un tobogán de carnavales
por esta vida que no somos.

ORIGEN

Tu nombre derretido en un sueño,
lanzado en su deriva
hasta rozar la espuma de otro sueño
que desarma el eco de tu herida,
que acomoda tu tumulto de espejos,
que recorre tu escalera de quimeras
para alcanzar la estela de mi arrojo,
para descifrar el origen de este sueño
que remueve una ruleta de silencios
en el portal de mi nombre,
en el pulso de unos versos
urgentes, afilados y desatados
que abalanzan su exilio sobre tu sombra,
sobre el velero de letargos
que asoma su derretida nostalgia en mi deshora
y aleja su rumor irremediable
por la ruta del no desaparecer,
por la senda del nunca despertar.

El filo

Una bandada de gaviotas afila su rumor
en los raíles de una estación abandonada
donde circulan madrugadas sin rostro
y destinos sin vagón.

Las gaviotas afilan su rumor de sombras
y rozan el eco de los trenes sin nombre,
retuercen la nostalgia de sus recovecos
y desarman el espejo de la muerte
para girar su reflejo
y acercar a la frontera del tiempo
una vívida lumbre de marfil
que dibuja sueños en el aire
y los remueve cada noche
para hacer latir esos raíles
que de cerca,
en la penumbra y en silencio,
parecen pasillos funerarios
atrapados en la gélida nada
de recorrer su penar.

Metaficción

Qué dirán las hojas
cuando el vacío arrase a la palabra
y los inviernos cuelguen su furia inerte en el balcón.

Qué dirá la desdicha,
qué dirán los recuerdos,
de qué hablarán las huellas
el día que su escalera se deshaga
al enredarse entre ecos cruzados.

A qué sabrán las burbujas sin aire,
cómo navegarán las promesas sin nombre,
en qué rincón soñarán los poemas
con un tobogán de miradas
si para entonces
nuestros puentes serán escarcha,
nuestros besos serán exilios,
nuestro futuro será ficción.

SOCIEDAD LÍQUIDA

No quedan respuestas que desnuden el aire
ni recuerdos que perfilen la arcilla
ni labios que aterricen el calor.

Ya no quedan promesas
que nos nombren frente al espejo,
pues el presente arrastra su estela
en una nube de espejos
que circula a tientas hacia la eternidad
sin más rumbo que su deriva,
sin más destino que su tiempo.

DESFILE DE MÁSCARAS

Tiempos que desfilan
su posmodernidad de envoltorio
entre las sombras retenidas
de una realidad que cruje su reverso.

Tiempos ajenos que se nutren
de palabras sin concepto,
de prisa sin rumbo,
de huellas sin rastro.

Son tiempos que navegan
a la deriva de un titular
instantáneo y con poso fugaz
que nos amarra a las pantallas
donde van saltando imágenes
que simulan una vida
que camina a nuestro lado
y pasa de largo
sin que podamos percibir
el verdadero tacto de su nombre.

DISTOPÍA

Las calles agitan la espuma
que las serpientes volcaron
en su último crepúsculo.

Se escurren fantasmas
por los bolsillos del viento
y en la cruz del desaliento
cuelga una palabra desteñida
de tanto manchar su verdad.

Trenes de futuro rasgado
rozan los andenes del averno
con su brisa impuntual
y su verano a oscuras.

Retumba el martillo de los dragones
en las aceras del letargo
mientras pasa la vida
con su cruel carroza
y su revolución inerte
de razón encogida
y despertar varado.

RESCOLDOS

Crujió la justicia bajo la alfombra
y todas las verdades ardieron sin remisión.

Se quemó el pasado
traicionado por las velas de la codicia,
se quemó el presente
usurpado por el rastro de la desidia
y el futuro,
asomado al trémulo balcón de su ausencia,
también ardió.

Cenizas de la historia
que se deshacen en un viento a la deriva,
pálido cuando el sabor del martirio
empieza a congelar su voz.

Silencio.

CUARENTENA

La primavera amanece
con una tormenta de miedo
que nos araña la conciencia,
que roe nuestras certezas,
que aletarga nuestros sueños.

Una epidemia de llanto
nos persigue atolondrada
con su río de sospechas
desbordando las calles, los puentes, las plazas,
rincones que suspiran esa bruma voraz
que acecha al desconcierto.

Nos llama la muerte
con su tos urgente
taladrando el umbral del tiempo
entre agujas que afilan
su gélido murmullo
en los portales del espanto.

Nos llama la muerte impenitente,
pero no sabe
que a pesar de todo
seguirá deshaciéndose en el viento.

No sabe que la vida
se reinventa
entre un delirio de aplausos
y que su lumbre,
como una noria ante nuestros ojos,
ruge su revuelta inevitable
y nunca deja de girar.

El ventanal

Labios de papel
van descifrando el rumor de la ausencia,
perfilando un ventanal de palabras urgentes
que laten su delirio agrietado,
que crujen su lumbre de marfil
para rozar las paredes de la desidia
y hacer retumbar el eco
de ese carnaval de versos
que gira y aterriza promesas en cada letargo,
que gira y desnuda la noche
con su silueta velada
recorriendo el vaivén del deseo
hasta hacer del ventanal un faro
desde el que reinventar el mundo
para alumbrar en sus fronteras
el dulce pedalear de un milagro.

En suspensión

Tiempo desarmado
en las palabras que dibujan el tiempo,
que recorren su silencio,
que acomodan su revolución.

Tiempo atravesado
en las aristas donde flota su exilio,
su torrente de nostalgias sin tacto,
su manantial de anhelos sin nombre,
haciendo rodar su reflejo
entre la bruma de una vida ilusoria
que flota en el espejo
y nos llama
y nos consuela
y nos espera
con su tiempo a deshora
y su milagro a tientas.

LA BRISA

Incluso entonces,
cuando el tiempo navegue a lo lejos
y ya no retumbe tu nombre
y ya no arañe la noche.

Incluso cuando el olvido
tropiece con su sombra
y me quiebre
y me deshaga
y las palabras revoloteen
sobre mi propia ausencia
con su certeza inerte
y su pesar a salvo.

Aún entonces quedará un verso
que se unirá a otro verso
y juntos fundarán el *Club de la Estrofa*
para que alguna madrugada
de algún verano,
de algún recuerdo,
encuentren bajo la almohada
la brisa de un poema
que aún a oscuras,
que aún en silencio,
logre tejer un cometa
para alumbrar el rastro
de mi sueño en ti.

La luciérnaga

El umbral del futuro aparta sus nieves
cuando asoma el vuelo de una luciérnaga
que gira entre el vértigo y la derrota,
que gira y roza cráteres de luz
con su lumbre entrecortada,
con una pulsión derramada
que remueve el túnel de papel
que recorren a tientas las palabras.

Gira la luciérnaga entre el abismo y la gloria
mientras el rumor de sus alas
vuelca en el umbral una madrugada etérea
que resguarda el mundo de la incertidumbre,
agitando en su balcón nuevas miradas
cada vez que los poemas se disfrazan de milagro
y rondan la vida con su certeza a cuestas,
deshojando la estela de ese instante
donde la voz que quedó atrapada en tus versos
asoma su vívida nostalgia en la frontera de tu voz.

Después del silencio

Después del silencio,
más allá de las derrotas furtivas,
de los exilios sin sombra,
de la gloria en el cajón.

Después del silencio
las palabras se enredan entre las rocas
y su nostalgia queda navegando
alrededor de una nube de cartón
donde tiembla el vívido suspiro
de aquel último baile.

Así la vida se deshace
en nuestros labios agrietados
mientras aleja su murmullo de cristal
hacia un páramo de promesas despiertas
donde las horas mastican el deseo,
donde los versos se disfrazan de orquesta,
donde un verano nos espera
con su brisa invencible
agitando todos aquellos puentes
que aún a oscuras,
agolpados en la cornisa del tiempo,
escuchábamos silbar.

LA LLAMA

Hay palabras desatadas
que arrojan su lumbre
por el tobogán del tiempo.
Palabras como *horizonte*, como *utopía*,
como *mirada*, como *secreto*,
que desnudan su aliento en cada verso
para encender la llama de una revolución
en el pálido portal del silencio.

ALIENTO

Llegarás con tu ejército de versos
enroscado en la mirada,
con tu lumbre rodeando la escalera,
con tu promesa pintada en los labios.

Llegarás y la noche derrumbará
mi castillo de deudas,
mi cadena de ausencias,
el eco de mis descalabros.

Así llegarán tus pasos en el aire,
            tus sílabas acolchadas,
            tus sueños en color.

Llegarán y doblarán en dos el tiempo
para bordar en su filo
una huella, un suspiro, una palabra,
esa ráfaga de tu nombre
capaz de hacer de mi mundo
un poema que refugie
el pulso de nuestra eternidad.

Palabras de amor

En silencio y de puntillas, indemnes al asalto del contagio, las palabras de amor recorren las calles con la soledad a cuestas, con el coraje desnudo, con su promesa intacta.

Una avalancha de casas penitentes espera su retorno con las luces encendidas y el mudo eco de unos labios que anhelan volver a despertar acunados por la cálida ráfaga de su certeza.

Calles desiertas que alientan con un viento de aplausos a esas palabras de amor que rugen su latido frente al miedo, que caminan de puntillas pero caminan, que se acompañan a solas pero se acompañan, que tejen con su bandera de versos el puente por el que algún día cruzarán de nuevo su voz indeclinable para volver a despertar en los labios de quienes ahora, en esta primavera gris pero primavera, en esta vida detenida pero vida, anhelamos llenar nuestro cofre de sueños con esa eternidad de palabras que, vestidas de abrazos urgentes, pronunciará por fin el amor.

CANCIONES

FABIOLA

Dibuja atardeceres entre Getafe y Sol.
Roza con la mente esa juventud que perdió,
paseando con Claudio fuera de la facultad
y en la cancha alentando a La Academia una vez más.

Aquellos tiempos mezclaban los sueños con el dolor.
Lograr un futuro juntos en medio de la opresión,
reclamando clandestinos un país en libertad
mientras muchos desaparecían sin volver a verlos más.

Cena siempre tarde en su piso de Madrid.
Queda lejos Buenos Aires para ir a dormir.

Aprendió a recorrer su exilio en la sombra.
Pudo esquivar el final que apuntó su hora.
Aprendió a resistir sin temblar, Fabiola.
Nunca más lamentó quedarse tan sola.

Cruzaba Posadas para ir a otra reunión.
Jugaba La Academia y escuchó que ganó.
Llevaba unos panfletos, pero pudo escapar.
Los milicos nunca la pudieron agarrar.

Se acuerda de Claudio cada noche en Madrid.
Ya pasaron cuarenta años sin su sueño por cumplir.

Aprendió a recorrer su exilio en la sombra.
Pudo esquivar el final que apuntó su hora.
Aprendió a resistir sin temblar, Fabiola.
Nunca más lamentó quedarse tan sola.

Tantos años después y en sus ojos
aún clavado el terror a su alrededor.
Tantos años después, dentro de un vagón
rozando en la mente aquel adiós.

LA RULETA

Luces de ciudad flotando en el misterio.
Deslizan con sigilo su pesar.
Lluvia en el cristal bordando otro secreto
que perfila un reflejo en mi soledad.

¿Dónde dormirá este invierno
al que hoy le cuesta caminar?
¿Dónde dormirá tu voz sin tiempo,
que a veces me desvela y otras se va?

Y en tu nombre hay un buzón borrando el miedo.
Acaricia con sus labios el «tal vez».
Y en tu nombre esta canción jugando a remover
la ruleta donde arriesgas lo que no ves.

Cometas afiladas vuelan de perfil.
Dibujan su letargo frente al mar.
Vientos desnudando otro eco febril
que gira y se retuerce en mi tempestad.

¿Dónde dormirá este invierno
que apenas logro descifrar?
¿Dónde dormirá tu voz sin tiempo,
que a veces me desvela y otras se va?

Y en tu nombre hay un buzón borrando el miedo.
Acaricia con sus labios el «tal vez».
Y en tu nombre esta canción jugando a remover
la ruleta donde arriesgas lo que no ves.

Crujen madrugadas de silencios.
Aúllan las palabras en color.
A veces el olvido juega con el porvenir
y hay canciones donde apuesto por ti.

LA CHICA DE ERASMUS

Apoyada en la pared de La Moqueta,
esperaba hasta verme llegar.
«Otra vez tarde», señalaba el reloj
y reía cuando la intentaba besar.

Fue nuestro imperio la facultad.
Fueron meses deteniendo el tiempo.
Mezclamos bien sus ganas de volar
con mi ansia por dibujar el cielo.

Terminó como acaban las cosas
que duran para siempre.
Dejó una nota en mi buzón:
«Prometo volver a verte».

Sus ojos tenían nombre de canción.
Sus besos, la contraseña del pecado.
En su pecho, el mapa de mi corazón
doblado con el calor de un abrazo.

En mi voz está el recuerdo de un amor
que ruge en la penumbra su legado.
Mis versos son el rastro que quedó
flotando en la ausencia de sus pasos.

Tumbada en un jardín de Húmera,
susurraba otra vez «Je ne sais pas...».
«Vas a aprender francés», decía segura
y reía antes de volverme a besar.

Fue nuestro imperio la facultad.
Fueron meses deteniendo el tiempo.
Mezclamos bien bailar sin disfraz
con desnudar nuestros secretos.

Terminó como acaban las cosas
que duran para siempre.
Dejó una nota en mi buzón:
«Prometo volver a verte».

Sus ojos tenían nombre de canción.
Sus besos, la contraseña del pecado.
En su pecho, el mapa de mi corazón
doblado con el calor de un abrazo.

En mi voz está el recuerdo de un amor
que ruge en la penumbra su legado.
Mis versos son el rastro que quedó
flotando en la ausencia de sus pasos.

Dormirá en Montpellier
con su gorro verde entre las manos.
En algún cajón, nuestra foto de aquella tarde
saltando en la Fuente de los Patos.

«¿Aún hablará español?», me pregunto.
«¿Se acordará de aquel que naufragó entre sus labios?».

GAVIOTAS DE PAPEL

Rastros de soledad cruzando las aceras.
Hay mundos de cristal arañando promesas.
Pasiones del revés que añoran su baile
y un tren a contraluz que siempre llega tarde.

Huellas de barro bordando quimeras.
Miradas perdidas bajo la niebla.
Hay días que quedan flotando en el aire.
Secretos que siguen descifrando señales.

Gaviotas de papel desnudan la ciudad.
Dibujan su nombre en la orilla del mar.
Gaviotas de papel invitándome a soñar.
Encienden la noche en mi delirar.

Ecos sin voz rodeando las afueras.
Lumbres de marfil llamando a la puerta.
Hay muchos «tal vez» en tierra de nadie
y despedidas lejos de mi alcance.

Huellas de barro bordando quimeras.
Alas dobladas por la tormenta.
Hay días que quedan flotando en el aire.
Secretos que siguen descifrando señales.

Gaviotas de papel desnudan la ciudad.
Dibujan su nombre en la orilla del mar.
Gaviotas de papel invitándome a soñar.
Encienden la noche en mi delirar.

Gaviotas de papel, retazos de mí.
Silueta sin piel, escalera sin fin...

ÍNDICE